I0362111

2021 – 2022

2-Year Monthly Planner

I. S. Anderson

2021 - 2022

2-Year Monthly Planner

Copyright © 2020 by I. S. Anderson

ISBN-10: 1-947399-20-9

ISBN-13: 978-1-947399-20-4

All rights reserved, including the right to reproduce this journal in whole or any portions thereof, in any form whatsoever.

For more information regarding this publication, contact: **nahjpress@outlook.com**

First Printing, 2020

2021 - 2022

2-Year Monthly Planner

Belongs To:

____

2021

JANUARY

S	M	T	W	T	F	S
					1	2
3	4	5	6	7	8	9
10	11	12	13	14	15	16
17	18	19	20	21	22	23
24	25	26	27	28	29	30
31						

FEBRUARY

S	M	T	W	T	F	S
	1	2	3	4	5	6
7	8	9	10	11	12	13
14	15	16	17	18	19	20
21	22	23	24	25	26	27
28						

MARCH

S	M	T	W	T	F	S
	1	2	3	4	5	6
7	8	9	10	11	12	13
14	15	16	17	18	19	20
21	22	23	24	25	26	27
28	29	30	31			

APRIL

S	M	T	W	T	F	S
				1	2	3
4	5	6	7	8	9	10
11	12	13	14	15	16	17
18	19	20	21	22	23	24
25	26	27	28	29	30	

MAY

S	M	T	W	T	F	S
						1
2	3	4	5	6	7	8
9	10	11	12	13	14	15
16	17	18	19	20	21	22
23	24	25	26	27	28	29
30	31					

JUNE

S	M	T	W	T	F	S
		1	2	3	4	5
6	7	8	9	10	11	12
13	14	15	16	17	18	19
20	21	22	23	24	25	26
27	28	29	30			

JULY

S	M	T	W	T	F	S
				1	2	3
4	5	6	7	8	9	10
11	12	13	14	15	16	17
18	19	20	21	22	23	24
25	26	27	28	29	30	31

AUGUST

S	M	T	W	T	F	S
1	2	3	4	5	6	7
8	9	10	11	12	13	14
15	16	17	18	19	20	21
22	23	24	25	26	27	28
29	30	31				

SEPTEMBER

S	M	T	W	T	F	S
			1	2	3	4
5	6	7	8	9	10	11
12	13	14	15	16	17	18
19	20	21	22	23	24	25
26	27	28	29	30		

OCTOBER

S	M	T	W	T	F	S
					1	2
3	4	5	6	7	8	9
10	11	12	13	14	15	16
17	18	19	20	21	22	23
24	25	26	27	28	29	30
31						

NOVEMBER

S	M	T	W	T	F	S
	1	2	3	4	5	6
7	8	9	10	11	12	13
14	15	16	17	18	19	20
21	22	23	24	25	26	27
28	29	30				

DECEMBER

S	M	T	W	T	F	S
			1	2	3	4
5	6	7	8	9	10	11
12	13	14	15	16	17	18
19	20	21	22	23	24	25
26	27	28	29	30	31	

2022

JANUARY

S	M	T	W	T	F	S
						1
2	3	4	5	6	7	8
9	10	11	12	13	14	15
16	17	18	19	20	21	22
23	24	25	26	27	28	29
30	31					

FEBRUARY

S	M	T	W	T	F	S
		1	2	3	4	5
6	7	8	9	10	11	12
13	14	15	16	17	18	19
20	21	22	23	24	25	26
27	28					

MARCH

S	M	T	W	T	F	S
		1	2	3	4	5
6	7	8	9	10	11	12
13	14	15	16	17	18	19
20	21	22	23	24	25	26
27	28	29	30	31		

APRIL

S	M	T	W	T	F	S
					1	2
3	4	5	6	7	8	9
10	11	12	13	14	15	16
17	18	19	20	21	22	23
24	25	26	27	28	29	30

MAY

S	M	T	W	T	F	S
1	2	3	4	5	6	7
8	9	10	11	12	13	14
15	16	17	18	19	20	21
22	23	24	25	26	27	28
29	30	31				

JUNE

S	M	T	W	T	F	S
			1	2	3	4
5	6	7	8	9	10	11
12	13	14	15	16	17	18
19	20	21	22	23	24	25
26	27	28	29	30		

JULY

S	M	T	W	T	F	S
					1	2
3	4	5	6	7	8	9
10	11	12	13	14	15	16
17	18	19	20	21	22	23
24	25	26	27	28	29	30
31						

AUGUST

S	M	T	W	T	F	S
	1	2	3	4	5	6
7	8	9	10	11	12	13
14	15	16	17	18	19	20
21	22	23	24	25	26	27
28	29	30	31			

SEPTEMBER

S	M	T	W	T	F	S
				1	2	3
4	5	6	7	8	9	10
11	12	13	14	15	16	17
18	19	20	21	22	23	24
25	26	27	28	29	30	

OCTOBER

S	M	T	W	T	F	S
						1
2	3	4	5	6	7	8
9	10	11	12	13	14	15
16	17	18	19	20	21	22
23	24	25	26	27	28	29
30	31					

NOVEMBER

S	M	T	W	T	F	S
		1	2	3	4	5
6	7	8	9	10	11	12
13	14	15	16	17	18	19
20	21	22	23	24	25	26
27	28	29	30			

DECEMBER

S	M	T	W	T	F	S
				1	2	3
4	5	6	7	8	9	10
11	12	13	14	15	16	17
18	19	20	21	22	23	24
25	26	27	28	29	30	31

2023

JANUARY

S	M	T	W	T	F	S
1	2	3	4	5	6	7
8	9	10	11	12	13	14
15	16	17	18	19	20	21
22	23	24	25	26	27	28
29	30	31				

FEBRUARY

S	M	T	W	T	F	S
			1	2	3	4
5	6	7	8	9	10	11
12	13	14	15	16	17	18
19	20	21	22	23	24	25
26	27	28				

MARCH

S	M	T	W	T	F	S
			1	2	3	4
5	6	7	8	9	10	11
12	13	14	15	16	17	18
19	20	21	22	23	24	25
26	27	28	29	30	31	

APRIL

S	M	T	W	T	F	S
						1
2	3	4	5	6	7	8
9	10	11	12	13	14	15
16	17	18	19	20	21	22
23	24	25	26	27	28	29
30						

MAY

S	M	T	W	T	F	S
	1	2	3	4	5	6
7	8	9	10	11	12	13
14	15	16	17	18	19	20
21	22	23	24	25	26	27
28	29	30	31			

JUNE

S	M	T	W	T	F	S
				1	2	3
4	5	6	7	8	9	10
11	12	13	14	15	16	17
18	19	20	21	22	23	24
25	26	27	28	29	30	

JULY

S	M	T	W	T	F	S
						1
2	3	4	5	6	7	8
9	10	11	12	13	14	15
16	17	18	19	20	21	22
23	24	25	26	27	28	29
30	31					

AUGUST

S	M	T	W	T	F	S
		1	2	3	4	5
6	7	8	9	10	11	12
13	14	15	16	17	18	19
20	21	22	23	24	25	26
27	28	29	30	31		

SEPTEMBER

S	M	T	W	T	F	S
					1	2
3	4	5	6	7	8	9
10	11	12	13	14	15	16
17	18	19	20	21	22	23
24	25	26	27	28	29	30

OCTOBER

S	M	T	W	T	F	S
1	2	3	4	5	6	7
8	9	10	11	12	13	14
15	16	17	18	19	20	21
22	23	24	25	26	27	28
29	30	31				

NOVEMBER

S	M	T	W	T	F	S
			1	2	3	4
5	6	7	8	9	10	11
12	13	14	15	16	17	18
19	20	21	22	23	24	25
26	27	28	29	30		

DECEMBER

S	M	T	W	T	F	S
					1	2
3	4	5	6	7	8	9
10	11	12	13	14	15	16
17	18	19	20	21	22	23
24	25	26	27	28	29	30
31						

2021

January	February	March	April	May	June
1 F	1 M	1 M	1 T	1 S	1 T
2 S	2 T	2 T	2 F	2 S	2 W
3 S	3 W	3 W	3 S	3 M	3 T
4 M	4 T	4 T	4 S	4 T	4 F
5 T	5 F	5 F	5 M	5 W	5 S
6 W	6 S	6 S	6 T	6 T	6 S
7 T	7 S	7 S	7 W	7 F	7 M
8 F	8 M	8 M	8 T	8 S	8 T
9 S	9 T	9 T	9 F	9 S	9 W
10 S	10 W	10 W	10 S	10 M	10 T
11 M	11 T	11 T	11 S	11 T	11 F
12 T	12 F	12 F	12 M	12 W	12 S
13 W	13 S	13 S	13 T	13 T	13 S
14 T	14 S	14 S	14 W	14 F	14 M
15 F	15 M	15 M	15 T	15 S	15 T
16 S	16 T	16 T	16 F	16 S	16 W
17 S	17 W	17 W	17 S	17 M	17 T
18 M	18 T	18 T	18 S	18 T	18 F
19 T	19 F	19 F	19 M	19 W	19 S
20 W	20 S	20 S	20 T	20 T	20 S
21 T	21 S	21 S	21 W	21 F	21 M
22 F	22 M	22 M	22 T	22 S	22 T
23 S	23 T	23 T	23 F	23 S	23 W
24 S	24 W	24 W	24 S	24 M	24 T
25 M	25 T	25 T	25 S	25 T	25 F
26 T	26 F	26 F	26 M	26 W	26 S
27 W	27 S	27 S	27 T	27 T	27 S
28 T	28 S	28 S	28 W	28 F	28 M
29 F		29 M	29 T	29 S	29 T
30 S		30 T	30 F	30 S	30 W
31 S		31 W		31 M	

1 T	1 S	1 W	1 F	1 M	1 W
2 F	2 M	2 T	2 S	2 T	2 T
3 S	3 T	3 F	3 S	3 W	3 F
4 S	4 W	4 S	4 M	4 T	4 S
5 M	5 T	5 S	5 T	5 F	5 S
6 T	6 F	6 M	6 W	6 S	6 M
7 W	7 S	7 T	7 T	7 S	7 T
8 T	8 S	8 W	8 F	8 M	8 W
9 F	9 M	9 T	9 S	9 T	9 T
10 S	10 T	10 F	10 S	10 W	10 F
11 S	11 W	11 S	11 M	11 T	11 S
12 M	12 T	12 S	12 T	12 F	12 S
13 T	13 F	13 M	13 W	13 S	13 M
14 W	14 S	14 T	14 T	14 S	14 T
15 T	15 S	15 W	15 F	15 M	15 W
16 F	16 M	16 T	16 S	16 T	16 T
17 S	17 T	17 F	17 S	17 W	17 F
18 S	18 W	18 S	18 M	18 T	18 S
19 M	19 T	19 S	19 T	19 F	19 S
20 T	20 F	20 M	20 W	20 S	20 M
21 W	21 S	21 T	21 T	21 S	21 T
22 T	22 S	22 W	22 F	22 M	22 W
23 F	23 M	23 T	23 S	23 T	23 T
24 S	24 T	24 F	24 S	24 W	24 F
25 S	25 W	25 S	25 M	25 T	25 S
26 M	26 T	26 S	26 T	26 F	26 S
27 T	27 F	27 M	27 W	27 S	27 M
28 W	28 S	28 T	28 T	28 S	28 T
29 T	29 S	29 W	29 F	29 M	29 W
30 F	30 M	30 T	30 S	30 T	30 T
31 S	31 T		31 S		31 F

JANUARY 2021

SUNDAY	MONDAY	TUESDAY	WEDNESDAY
3	4	5	6
10	11	12	13
17	18 Martin Luther King Jr. Day	19	20
24	25	26	27
31	DECEMBER 2020	JANUARY	FEBRUARY

DECEMBER 2020

S	M	T	W	T	F	S
		1	2	3	4	5
6	7	8	9	10	11	12
13	14	15	16	17	18	19
20	21	22	23	24	25	26
27	28	29	30	31		

JANUARY

S	M	T	W	T	F	S
					1	2
3	4	5	6	7	8	9
10	11	12	13	14	15	16
17	18	19	20	21	22	23
24	25	26	27	28	29	30
31						

FEBRUARY

S	M	T	W	T	F	S
	1	2	3	4	5	6
7	8	9	10	11	12	13
14	15	16	17	18	19	20
21	22	23	24	25	26	27
28						

THURSDAY	FRIDAY	SATURDAY	NOTES
	1 New Year's Day	2	
7	8	9	
14	15	16	
21	22	23	
28	29	30	
☐ ☐ ☐ ☐ ☐	☐ ☐ ☐ ☐ ☐	☐ ☐ ☐ ☐ ☐	

FEBRUARY 2021

SUNDAY	MONDAY	TUESDAY	WEDNESDAY
	1	2	3
7	8	9	10
14	15 Presidents' Day	16	17
21	22	23	24
28			

JANUARY

S	M	T	W	T	F	S
					1	2
3	4	5	6	7	8	9
10	11	12	13	14	15	16
17	18	19	20	21	22	23
24	25	26	27	28	29	30
31						

FEBRUARY

S	M	T	W	T	F	S
	1	2	3	4	5	6
7	8	9	10	11	12	13
14	15	16	17	18	19	20
21	22	23	24	25	26	27
28						

MARCH

S	M	T	W	T	F	S
	1	2	3	4	5	6
7	8	9	10	11	12	13
14	15	16	17	18	19	20
21	22	23	24	25	26	27
28	29	30	31			

THURSDAY	FRIDAY	SATURDAY	NOTES
4	5	6	
11	12	13	
18	19	20	
25	26	27	
□ □ □ □ □	□ □ □ □ □	□ □ □ □ □	

MARCH 2021

SUNDAY	MONDAY	TUESDAY	WEDNESDAY
	1	2	3
7	8	9	10
14	15	16	17
21	22	23	24
28	29	30	31

FEBRUARY

S	M	T	W	T	F	S
	1	2	3	4	5	6
7	8	9	10	11	12	13
14	15	16	17	18	19	20
21	22	23	24	25	26	27
28						

MARCH

S	M	T	W	T	F	S
	1	2	3	4	5	6
7	8	9	10	11	12	13
14	15	16	17	18	19	20
21	22	23	24	25	26	27
28	29	30	31			

APRIL

S	M	T	W	T	F	S
				1	2	3
4	5	6	7	8	9	10
11	12	13	14	15	16	17
18	19	20	21	22	23	24
25	26	27	28	29	30	

THURSDAY	FRIDAY	SATURDAY	NOTES
4	5	6	
11	12	13	
18	19	20	
25	26	27	
□ □ □ □ □	□ □ □ □ □	□ □ □ □ □	

APRIL 2021

SUNDAY	MONDAY	TUESDAY	WEDNESDAY
4	5	6	7
11	12	13	14
18	19	20	21
25	26	27	28

MARCH

S	M	T	W	T	F	S
	1	2	3	4	5	6
7	8	9	10	11	12	13
14	15	16	17	18	19	20
21	22	23	24	25	26	27
28	29	30	31			

APRIL

S	M	T	W	T	F	S
				1	2	3
4	5	6	7	8	9	10
11	12	13	14	15	16	17
18	19	20	21	22	23	24
25	26	27	28	29	30	

MAY

S	M	T	W	T	F	S
						1
2	3	4	5	6	7	8
9	10	11	12	13	14	15
16	17	18	19	20	21	22
23	24	25	26	27	28	29
30	31					

THURSDAY	FRIDAY	SATURDAY	NOTES
1	2	3	
8	9	10	
15	16	17	
22	23	24	
29	30		
☐ ☐ ☐ ☐ ☐	☐ ☐ ☐ ☐ ☐	☐ ☐ ☐ ☐ ☐	

MAY 2021

SUNDAY	MONDAY	TUESDAY	WEDNESDAY
2	3	4	5
9	10	11	12
16	17	18	19
23	24	25	26
30	31 Memorial Day	APRIL	MAY

APRIL

S	M	T	W	T	F	S
				1	2	3
4	5	6	7	8	9	10
11	12	13	14	15	16	17
18	19	20	21	22	23	24
25	26	27	28	29	30	

MAY

S	M	T	W	T	F	S
						1
2	3	4	5	6	7	8
9	10	11	12	13	14	15
16	17	18	19	20	21	22
23	24	25	26	27	28	29
30	31					

THURSDAY	FRIDAY	SATURDAY	NOTES
		1	
6	7	8	
13	14	15	
20	21	22	
27	28	29	
□ □ □ □ □	□ □ □ □ □	□ □ □ □ □	

JUNE 2021

SUNDAY	MONDAY	TUESDAY	WEDNESDAY
		1	2
6	7	8	9
13	14	15	16
20	21	22	23
27	28	29	30

MAY

S	M	T	W	T	F	S
						1
2	3	4	5	6	7	8
9	10	11	12	13	14	15
16	17	18	19	20	21	22
23	24	25	26	27	28	29
30	31					

JUNE

S	M	T	W	T	F	S
		1	2	3	4	5
6	7	8	9	10	11	12
13	14	15	16	17	18	19
20	21	22	23	24	25	26
27	28	29	30			

JULY

S	M	T	W	T	F	S
				1	2	3
4	5	6	7	8	9	10
11	12	13	14	15	16	17
18	19	20	21	22	23	24
25	26	27	28	29	30	31

THURSDAY	FRIDAY	SATURDAY	NOTES
3	4	5	
10	11	12	
17	18	19	
24	25	26	
□ □ □ □ □	□ □ □ □ □	□ □ □ □ □	

JULY 2021

SUNDAY	MONDAY	TUESDAY	WEDNESDAY
4 Independence Day	5	6	7
11	12	13	14
18	19	20	21
25	26	27	28

JUNE

S	M	T	W	T	F	S
		1	2	3	4	5
6	7	8	9	10	11	12
13	14	15	16	17	18	19
20	21	22	23	24	25	26
27	28	29	30			

JULY

S	M	T	W	T	F	S
				1	2	3
4	5	6	7	8	9	10
11	12	13	14	15	16	17
18	19	20	21	22	23	24
25	26	27	28	29	30	31

AUGUST

S	M	T	W	T	F	S
1	2	3	4	5	6	7
8	9	10	11	12	13	14
15	16	17	18	19	20	21
22	23	24	25	26	27	28
29	30	31				

THURSDAY	FRIDAY	SATURDAY	NOTES
1	2	3	
8	9	10	
15	16	17	
22	23	24	
29	30	31	
□ □ □ □ □	□ □ □ □ □	□ □ □ □ □	

AUGUST 2021

SUNDAY	MONDAY	TUESDAY	WEDNESDAY
1	2	3	4
8	9	10	11
15	16	17	18
22	23	24	25
29	30	31	

JULY

S	M	T	W	T	F	S
				1	2	3
4	5	6	7	8	9	10
11	12	13	14	15	16	17
18	19	20	21	22	23	24
25	26	27	28	29	30	31

AUGUST

S	M	T	W	T	F	S
1	2	3	4	5	6	7
8	9	10	11	12	13	14
15	16	17	18	19	20	21
22	23	24	25	26	27	28
29	30	31				

SEPTEMBER

S	M	T	W	T	F	S
			1	2	3	4
5	6	7	8	9	10	11
12	13	14	15	16	17	18
19	20	21	22	23	24	25
26	27	28	29	30		

THURSDAY	FRIDAY	SATURDAY	NOTES
5	6	7	
12	13	14	
19	20	21	
26	27	28	
□ □ □ □ □	□ □ □ □ □	□ □ □ □ □	

SEPTEMBER 2021

SUNDAY	MONDAY	TUESDAY	WEDNESDAY
			1
5	6 Labor Day	7	8
12	13	14	15
19	20	21	22
26	27	28	29

AUGUST

S	M	T	W	T	F	S
1	2	3	4	5	6	7
8	9	10	11	12	13	14
15	16	17	18	19	20	21
22	23	24	25	26	27	28
29	30	31				

SEPTEMBER

S	M	T	W	T	F	S
			1	2	3	4
5	6	7	8	9	10	11
12	13	14	15	16	17	18
19	20	21	22	23	24	25
26	27	28	29	30		

OCTOBER

S	M	T	W	T	F	S
					1	2
3	4	5	6	7	8	9
10	11	12	13	14	15	16
17	18	19	20	21	22	23
24	25	26	27	28	29	30
31						

THURSDAY	FRIDAY	SATURDAY	NOTES
2	3	4	
9	10	11	
16	17	18	
23	24	25	
30			
□ □ □ □ □	□ □ □ □ □	□ □ □ □ □	

OCTOBER 2021

SUNDAY	MONDAY	TUESDAY	WEDNESDAY
3	4	5	6
10	11 Columbus Day	12	13
17	18	19	20
24	25	26	27
31			

SEPTEMBER

S	M	T	W	T	F	S
			1	2	3	4
5	6	7	8	9	10	11
12	13	14	15	16	17	18
19	20	21	22	23	24	25
26	27	28	29	30		

OCTOBER

S	M	T	W	T	F	S
					1	2
3	4	5	6	7	8	9
10	11	12	13	14	15	16
17	18	19	20	21	22	23
24	25	26	27	28	29	30
31						

NOVEMBER

S	M	T	W	T	F	S
	1	2	3	4	5	6
7	8	9	10	11	12	13
14	15	16	17	18	19	20
21	22	23	24	25	26	27
28	29	30				

THURSDAY	FRIDAY	SATURDAY	NOTES
	1	2	
7	8	9	
14	15	16	
21	22	23	
28	29	30	
☐ ☐ ☐ ☐ ☐	☐ ☐ ☐ ☐ ☐	☐ ☐ ☐ ☐ ☐	

NOVEMBER 2021

SUNDAY	MONDAY	TUESDAY	WEDNESDAY
	1	2	3
7	8	9	10
14	15	16	17
21	22	23	24
28	29	30	

OCTOBER

S	M	T	W	T	F	S
					1	2
3	4	5	6	7	8	9
10	11	12	13	14	15	16
17	18	19	20	21	22	23
24	25	26	27	28	29	30
31						

NOVEMBER

S	M	T	W	T	F	S
	1	2	3	4	5	6
7	8	9	10	11	12	13
14	15	16	17	18	19	20
21	22	23	24	25	26	27
28	29	30				

DECEMBER

S	M	T	W	T	F	S
			1	2	3	4
5	6	7	8	9	10	11
12	13	14	15	16	17	18
19	20	21	22	23	24	25
26	27	28	29	30	31	

THURSDAY	FRIDAY	SATURDAY	NOTES
4	5	6	
11 Veterans Day	12	13	
18	19	20	
25 Thanksgiving Day	26	27	
☐ ☐ ☐ ☐ ☐	☐ ☐ ☐ ☐ ☐	☐ ☐ ☐ ☐ ☐	

DECEMBER 2021

SUNDAY	MONDAY	TUESDAY	WEDNESDAY
			1
5	6	7	8
12	13	14	15
19	20	21	22
26	27	28	29

NOVEMBER

S	M	T	W	T	F	S
	1	2	3	4	5	6
7	8	9	10	11	12	13
14	15	16	17	18	19	20
21	22	23	24	25	26	27
28	29	30				

DECEMBER

S	M	T	W	T	F	S
			1	2	3	4
5	6	7	8	9	10	11
12	13	14	15	16	17	18
19	20	21	22	23	24	25
26	27	28	29	30	31	

JANUARY 2022

S	M	T	W	T	F	S
						1
2	3	4	5	6	7	8
9	10	11	12	13	14	15
16	17	18	19	20	21	22
23	24	25	26	27	28	29
30	31					

THURSDAY	FRIDAY	SATURDAY	NOTES
2	3	4	
9	10	11	
16	17	18	
23	24	25 Christmas Day	
30	31		

2022

2022

January	February	March	April	May	June
1 S	1 T	1 T	1 F	1 S	1 W
2 S	2 W	2 W	2 S	2 M	2 T
3 M	3 T	3 T	3 S	3 T	3 F
4 T	4 F	4 F	4 M	4 W	4 S
5 W	5 S	5 S	5 T	5 T	5 S
6 T	6 S	6 S	6 W	6 F	6 M
7 F	7 M	7 M	7 T	7 S	7 T
8 S	8 T	8 T	8 F	8 S	8 W
9 S	9 W	9 W	9 S	9 M	9 T
10 M	10 T	10 T	10 S	10 T	10 F
11 T	11 F	11 F	11 M	11 W	11 S
12 W	12 S	12 S	12 T	12 T	12 S
13 T	13 S	13 S	13 W	13 F	13 M
14 F	14 M	14 M	14 T	14 S	14 T
15 S	15 T	15 T	15 F	15 S	15 W
16 S	16 W	16 W	16 S	16 M	16 T
17 M	17 T	17 T	17 S	17 T	17 F
18 T	18 F	18 F	18 M	18 W	18 S
19 W	19 S	19 S	19 T	19 T	19 S
20 T	20 S	20 S	20 W	20 F	20 M
21 F	21 M	21 M	21 T	21 S	21 T
22 S	22 T	22 T	22 F	22 S	22 W
23 S	23 W	23 W	23 S	23 M	23 T
24 M	24 T	24 T	24 S	24 T	24 F
25 T	25 F	25 F	25 M	25 W	25 S
26 W	26 S	26 S	26 T	26 T	26 S
27 T	27 S	27 S	27 W	27 F	27 M
28 F	28 M	28 M	28 T	28 S	28 T
29 S		29 T	29 F	29 S	29 W
30 S		30 W	30 S	30 M	30 T
31 M		31 T		31 T	

1 F	1 M	1 T	1 S	1 T	1 T
2 S	2 T	2 F	2 S	2 W	2 F
3 S	3 W	3 S	3 M	3 T	3 S
4 M	4 T	4 S	4 T	4 F	4 S
5 T	5 F	5 M	5 W	5 S	5 M
6 W	6 S	6 T	6 T	6 S	6 T
7 T	7 S	7 W	7 F	7 M	7 W
8 F	8 M	8 T	8 S	8 T	8 T
9 S	9 T	9 F	9 S	9 W	9 F
10 S	10 W	10 S	10 M	10 T	10 S
11 M	11 T	11 S	11 T	11 F	11 S
12 T	12 F	12 M	12 W	12 S	12 M
13 W	13 S	13 T	13 T	13 S	13 T
14 T	14 S	14 W	14 F	14 M	14 W
15 F	15 M	15 T	15 S	15 T	15 T
16 S	16 T	16 F	16 S	16 W	16 F
17 S	17 W	17 S	17 M	17 T	17 S
18 M	18 T	18 S	18 T	18 F	18 S
19 T	19 F	19 M	19 W	19 S	19 M
20 W	20 S	20 T	20 T	20 S	20 T
21 T	21 S	21 W	21 F	21 M	21 W
22 F	22 M	22 T	22 S	22 T	22 T
23 S	23 T	23 F	23 S	23 W	23 F
24 S	24 W	24 S	24 M	24 T	24 S
25 M	25 T	25 S	25 T	25 F	25 S
26 T	26 F	26 M	26 W	26 S	26 M
27 W	27 S	27 T	27 T	27 S	27 T
28 T	28 S	28 W	28 F	28 M	28 W
29 F	29 M	29 T	29 S	29 T	29 T
30 S	30 T	30 F	30 S	30 W	30 F
31 S	31 W		31 M		31 S

JANUARY 2022

SUNDAY	MONDAY	TUESDAY	WEDNESDAY
2	3	4	5
9	10	11	12
16	17 Martin Luther King Jr. Day	18	19
23	24	25	26
30	31		

DECEMBER 2021

S	M	T	W	T	F	S
			1	2	3	4
5	6	7	8	9	10	11
12	13	14	15	16	17	18
19	20	21	22	23	24	25
26	27	28	29	30	31	

JANUARY

S	M	T	W	T	F	S
						1
2	3	4	5	6	7	8
9	10	11	12	13	14	15
16	17	18	19	20	21	22
23	24	25	26	27	28	29
30	31					

THURSDAY	FRIDAY	SATURDAY	NOTES
		1 New Year's Day	
6	7	8	
13	14	15	
20	21	22	
27	28	29	
◻ ◻ ◻ ◻ ◻	◻ ◻ ◻ ◻ ◻	◻ ◻ ◻ ◻ ◻	

FEBRUARY 2022

SUNDAY	MONDAY	TUESDAY	WEDNESDAY
		1	2
6	7	8	9
13	14	15	16
20	21 Presidents' Day	22	23
27	28		

JANUARY

S	M	T	W	T	F	S
						1
2	3	4	5	6	7	8
9	10	11	12	13	14	15
16	17	18	19	20	21	22
23	24	25	26	27	28	29
30	31					

FEBRUARY

S	M	T	W	T	F	S
		1	2	3	4	5
6	7	8	9	10	11	12
13	14	15	16	17	18	19
20	21	22	23	24	25	26
27	28					

MARCH

S	M	T	W	T	F	S
		1	2	3	4	5
6	7	8	9	10	11	12
13	14	15	16	17	18	19
20	21	22	23	24	25	26
27	28	29	30	31		

THURSDAY	FRIDAY	SATURDAY	NOTES
3	4	5	
10	11	12	
17	18	19	
24	25	26	
☐ ☐ ☐ ☐ ☐	☐ ☐ ☐ ☐ ☐	☐ ☐ ☐ ☐ ☐	

MARCH 2022

SUNDAY	MONDAY	TUESDAY	WEDNESDAY
		1	2
6	7	8	9
13	14	15	16
20	21	22	23
27	28	29	30

FEBRUARY

S	M	T	W	T	F	S
		1	2	3	4	5
6	7	8	9	10	11	12
13	14	15	16	17	18	19
20	21	22	23	24	25	26
27	28					

MARCH

S	M	T	W	T	F	S
		1	2	3	4	5
6	7	8	9	10	11	12
13	14	15	16	17	18	19
20	21	22	23	24	25	26
27	28	29	30	31		

APRIL

S	M	T	W	T	F	S
					1	2
3	4	5	6	7	8	9
10	11	12	13	14	15	16
17	18	19	20	21	22	23
24	25	26	27	28	29	30

THURSDAY	FRIDAY	SATURDAY	NOTES
3	4	5	
10	11	12	
17	18	19	
24	25	26	
31			
▫ ▫ ▫ ▫ ▫	▫ ▫ ▫ ▫ ▫	▫ ▫ ▫ ▫ ▫	

APRIL 2022

SUNDAY	MONDAY	TUESDAY	WEDNESDAY
3	4	5	6
10	11	12	13
17	18	19	20
24	25	26	27

MARCH

S	M	T	W	T	F	S
		1	2	3	4	5
6	7	8	9	10	11	12
13	14	15	16	17	18	19
20	21	22	23	24	25	26
27	28	29	30	31		

APRIL

S	M	T	W	T	F	S
					1	2
3	4	5	6	7	8	9
10	11	12	13	14	15	16
17	18	19	20	21	22	23
24	25	26	27	28	29	30

MAY

S	M	T	W	T	F	S
1	2	3	4	5	6	7
8	9	10	11	12	13	14
15	16	17	18	19	20	21
22	23	24	25	26	27	28
29	30	31				

THURSDAY	FRIDAY	SATURDAY	NOTES
	1	2	
7	8	9	
14	15	16	
21	22	23	
28	29	30	
□	□	□	
□	□	□	
□	□	□	
□	□	□	
□	□	□	

MAY 2022

SUNDAY	MONDAY	TUESDAY	WEDNESDAY
1	2	3	4
8	9	10	11
15	16	17	18
22	23	24	25
29	30 Memorial Day	31	

APRIL

S	M	T	W	T	F	S
					1	2
3	4	5	6	7	8	9
10	11	12	13	14	15	16
17	18	19	20	21	22	23
24	25	26	27	28	29	30

MAY

S	M	T	W	T	F	S
1	2	3	4	5	6	7
8	9	10	11	12	13	14
15	16	17	18	19	20	21
22	23	24	25	26	27	28
29	30	31				

JUNE

S	M	T	W	T	F	S
			1	2	3	4
5	6	7	8	9	10	11
12	13	14	15	16	17	18
19	20	21	22	23	24	25
26	27	28	29	30		

THURSDAY	FRIDAY	SATURDAY	NOTES
5	6	7	
12	13	14	
19	20	21	
26	27	28	
☐ ☐ ☐ ☐ ☐	☐ ☐ ☐ ☐ ☐	☐ ☐ ☐ ☐ ☐	

JUNE 2022

SUNDAY	MONDAY	TUESDAY	WEDNESDAY
			1
5	6	7	8
12	13	14	15
19	20	21	22
26	27	28	29

MAY

S	M	T	W	T	F	S
1	2	3	4	5	6	7
8	9	10	11	12	13	14
15	16	17	18	19	20	21
22	23	24	25	26	27	28
29	30	31				

JUNE

S	M	T	W	T	F	S
			1	2	3	4
5	6	7	8	9	10	11
12	13	14	15	16	17	18
19	20	21	22	23	24	25
26	27	28	29	30		

JULY

S	M	T	W	T	F	S
					1	2
3	4	5	6	7	8	9
10	11	12	13	14	15	16
17	18	19	20	21	22	23
24	25	26	27	28	29	30
31						

THURSDAY	FRIDAY	SATURDAY	NOTES
2	3	4	
9	10	11	
16	17	18	
23	24	25	
30			
□ □ □ □ □	□ □ □ □ □	□ □ □ □ □	

JULY 2022

SUNDAY	MONDAY	TUESDAY	WEDNESDAY
3	4 Independence Day	5	6
10	11	12	13
17	18	19	20
24	25	26	27
31	JUNE	JULY	AUGUST

JUNE

S	M	T	W	T	F	S
			1	2	3	4
5	6	7	8	9	10	11
12	13	14	15	16	17	18
19	20	21	22	23	24	25
26	27	28	29	30		

JULY

S	M	T	W	T	F	S
					1	2
3	4	5	6	7	8	9
10	11	12	13	14	15	16
17	18	19	20	21	22	23
24	25	26	27	28	29	30
31						

AUGUST

S	M	T	W	T	F	S
	1	2	3	4	5	6
7	8	9	10	11	12	13
14	15	16	17	18	19	20
21	22	23	24	25	26	27
28	29	30	31			

THURSDAY	FRIDAY	SATURDAY	NOTES
	1	2	
	8	9	
14	15	16	
21	22	23	
28	29	30	
☐ ☐ ☐ ☐ ☐	☐ ☐ ☐ ☐ ☐	☐ ☐ ☐ ☐ ☐	

AUGUST 2022

SUNDAY	MONDAY	TUESDAY	WEDNESDAY
	1	2	3
7	8	9	10
14	15	16	17
21	22	23	24
28	29	30	31

JULY

S	M	T	W	T	F	S
					1	2
3	4	5	6	7	8	9
10	11	12	13	14	15	16
17	18	19	20	21	22	23
24	25	26	27	28	29	30
31						

AUGUST

S	M	T	W	T	F	S
	1	2	3	4	5	6
7	8	9	10	11	12	13
14	15	16	17	18	19	20
21	22	23	24	25	26	27
28	29	30	31			

SEPTEMBER

S	M	T	W	T	F	S
				1	2	3
4	5	6	7	8	9	10
11	12	13	14	15	16	17
18	19	20	21	22	23	24
25	26	27	28	29	30	

THURSDAY	FRIDAY	SATURDAY	NOTES
4	5	6	
11	12	13	
18	19	20	
25	26	27	
☐ ☐ ☐ ☐ ☐	☐ ☐ ☐ ☐ ☐	☐ ☐ ☐ ☐ ☐	

SEPTEMBER 2022

SUNDAY	MONDAY	TUESDAY	WEDNESDAY
4	5 Labor Day	6	7
11	12	13	14
18	19	20	21
25	26	27	28

AUGUST

S	M	T	W	T	F	S
	1	2	3	4	5	6
7	8	9	10	11	12	13
14	15	16	17	18	19	20
21	22	23	24	25	26	27
28	29	30	31			

SEPTEMBER

S	M	T	W	T	F	S
				1	2	3
4	5	6	7	8	9	10
11	12	13	14	15	16	17
18	19	20	21	22	23	24
25	26	27	28	29	30	

OCTOBER

S	M	T	W	T	F	S
						1
2	3	4	5	6	7	8
9	10	11	12	13	14	15
16	17	18	19	20	21	22
23	24	25	26	27	28	29
30	31					

THURSDAY	FRIDAY	SATURDAY	NOTES
1	2	3	
8	9	10	
15	16	17	
22	23	24	
29	30		
☐ ☐ ☐ ☐ ☐	☐ ☐ ☐ ☐ ☐	☐ ☐ ☐ ☐ ☐	

OCTOBER 2022

SUNDAY	MONDAY	TUESDAY	WEDNESDAY
2	3	4	5
9	10 Columbus Day	11	12
16	17	18	19
23	24	25	26
30	31		

SEPTEMBER

S	M	T	W	T	F	S
				1	2	3
4	5	6	7	8	9	10
11	12	13	14	15	16	17
18	19	20	21	22	23	24
25	26	27	28	29	30	

OCTOBER

S	M	T	W	T	F	S
						1
2	3	4	5	6	7	8
9	10	11	12	13	14	15
16	17	18	19	20	21	22
23	24	25	26	27	28	29
30	31					

THURSDAY	FRIDAY	SATURDAY	NOTES
		1	
6	7	8	
13	14	15	
20	21	22	
27	28	29	
☐	☐	☐	
☐	☐	☐	
☐	☐	☐	
☐	☐	☐	
☐	☐	☐	

NOVEMBER 2022

SUNDAY	MONDAY	TUESDAY	WEDNESDAY
		1	2
6	7	8	9
13	14	15	16
20	21	22	23
27	28	29	30

OCTOBER

S	M	T	W	T	F	S
						1
2	3	4	5	6	7	8
9	10	11	12	13	14	15
16	17	18	19	20	21	22
23	24	25	26	27	28	29
30	31					

NOVEMBER

S	M	T	W	T	F	S
		1	2	3	4	5
6	7	8	9	10	11	12
13	14	15	16	17	18	19
20	21	22	23	24	25	26
27	28	29	30			

DECEMBER

S	M	T	W	T	F	S
				1	2	3
4	5	6	7	8	9	10
11	12	13	14	15	16	17
18	19	20	21	22	23	24
25	26	27	28	29	30	31

THURSDAY	FRIDAY	SATURDAY	NOTES
3	4	5	
10	11 Veterans Day	12	
17	18	19	
24 Thanksgiving Day	25	26	
□ □ □ □ □	□ □ □ □ □	□ □ □ □ □	

DECEMBER 2022

SUNDAY	MONDAY	TUESDAY	WEDNESDAY
4	5	6	7
11	12	13	14
18	19	20	21
25 Christmas Day	26	27	28

NOVEMBER

S	M	T	W	T	F	S
		1	2	3	4	5
6	7	8	9	10	11	12
13	14	15	16	17	18	19
20	21	22	23	24	25	26
27	28	29	30			

DECEMBER

S	M	T	W	T	F	S
				1	2	3
4	5	6	7	8	9	10
11	12	13	14	15	16	17
18	19	20	21	22	23	24
25	26	27	28	29	30	31

JANUARY 2023

S	M	T	W	T	F	S
1	2	3	4	5	6	7
8	9	10	11	12	13	14
15	16	17	18	19	20	21
22	23	24	25	26	27	28
29	30	31				

THURSDAY	FRIDAY	SATURDAY	NOTES
1	2	3	
8	9	10	
15	16	17	
22	23	24	
29	30	31	
□ □ □ □ □	□ □ □ □ □	□ □ □ □ □	

Name & Address	Phone & Fax	Name & Address	Phone & Fax

Name & Address	Phone & Fax	Name & Address	Phone & Fax

Birthday Log

JANUARY

FEBRUARY

MARCH

APRIL

MAY

JUNE

JULY

AUGUST

SEPTEMBER

OCTOBER

NOVEMBER

DECEMBER

www.ingramcontent.com/pod-product-compliance
Lightning Source LLC
Chambersburg PA
CBHW060502240426
43661CB00006B/888